頭《あたま》がよくなる

超《ちょう》いじわる まちがいさがし

著 THE ROCKET GOLD STAR

監 篠《しの》原《はら》菊《きく》紀《のり》（脳《のう》科《か》学者《がくしゃ》）

イースト・プレス

なんどさがしても

見《み》つからない!?

超《ちょう》いじわるでむずかしい

28のまちがいさがしに

みんなでちょうせんだ!

おとなのかたへ

ワーキングメモリをきたえて、あたまがぐんぐんよくなる！

ワーキングメモリとは、いわば“脳《のう》のメモ帳《ちょう》”。
学《まな》んだり、だれかと話《はな》したり、何《なに》かの作業《さぎょう》をするときに
一時的《いちじてき》に情報《じょうほう》をとどめておく脳《のう》の大切《たいせつ》な働《はたら》きのことです。
子《こ》どもの頃《ころ》のワーキングメモリを中心《ちゅうしん》とする実行機能《じっこうきのう》の高《たか》さが、
のちの職種《しょくしゅ》や収入《しゅうにゅう》、健康状態《けんこうじょうたい》などに関《かか》わると言《い》われています。
まちがいさがしでは活発《かっぱつ》にワーキングメモリを使《つか》うので、鍛《きた》えることができるのです。

また、近年注目《きんねんちゅうもく》のSTEAM教育《きょういく》の基礎《きそ》となる「空間認知能力《くうかんにんちのうりょく》」も、まちがいさがしをすることで鍛《きた》えることができ、プログラミングや科《か》学《がく》を理解《りかい》するための基礎力《きそりょく》を育《はぐく》みます。
まちがいさがしをして、子《こ》どもおとなも、みんなで脳《のう》を鍛《きた》えましょう。

思考力《しこうりょく》 UP

空間《くうかん》認知能力《にんちのうりょく》 UP

集中力《しゅうちゅうりょく》 UP

子《こ》どももおとなも
脳《のう》を鍛《きた》えましょう

脳科学者《のうかがくしゃ》
篠原菊紀先生《しのはらきくのりせんせい》

もくじ

15 海《うみ》の中《なか》のふしぎな世界《せかい》

16 わくわく東京《とうきょう》のまち

17 めざせ天下統一《てんかとういつ》！

18 全員集合《ぜんいんしゅうごう》！お正月《しょうがつ》

19 映画《えいが》をみる時《とき》はおしずかに…

20 注文《ちゅうもん》の多《おお》い中華料理店《ちゅうかりょうりてん》

21 虫《むし》たちのたのしい日常《にちじょう》

22 はちゃめちゃ運動会《うんどうかい》

23 心《こころ》やすらぐ京都《きょうと》のまち

24 恐竜《きょうりゅう》のいた時代《じだい》

25 夏《なつ》の夜《よる》をてらす花火《はなび》

26 20XX 宇宙《うちゅう》のたび

27 商店街《しょうてんがい》はまいにち大盛況《だいせいきょう》

28 ヒーローVS悪《あく》のぐんだん

さあ、まちがいさがしの
ぼうけんへしゅっぱつだ！

01 たのしい誕《たん》生《じょう》日《び》パーティー

▶右《みぎ》と左《ひだり》でまちがいは10コあるよ！ こたえは66ページをみてね！

01 たのしい誕《たん》生《じょう》日《び》パーティー

▶右《みぎ》と左《ひだり》でまちがいは 10 コあるよ！ こたえは66ページをみてね！

02 あおぞら収《しゅう》穫《かく》まつり

▶右《みぎ》と左《ひだり》でまちがいは10コあるよ！こたえは66ページをみてね！

02 あおぞら収《しゅう》穫《かく》まつり

▶右《みぎ》と左《ひだり》でまちがいは10コあるよ！ こたえは66ページをみてね！

03 さくら満開《まんかい》のお花見《はなみ》

▶右《みぎ》と左《ひだり》でまちがいは10コあるよ！こたえは67ページをみてね！

03 さくら満開《まんかい》のお花見《はなみ》

▶右《みぎ》と左《ひだり》でまちがいは 10 コあるよ！こたえは67ページをみてね！

04 いざ海水浴場《かいすいよくじょう》へ！

▶右《みぎ》と左《ひだり》でまちがいは 10 コあるよ！ こたえは67ページをみてね！

04 いざ海水浴場《かいすいよくじょう》へ！

▶右《みぎ》と左《ひだり》でまちがいは10コあるよ！こたえは67ページをみてね！

05 みんなでホッといい湯《ゆ》だな

▶右《みぎ》と左《ひだり》でまちがいは10コあるよ！ こたえは68ページをみてね！

05 みんなでホッといい湯《ゆ》だな

▶右《みぎ》と左《ひだり》でまちがいは10コあるよ！ こたえは68ページをみてね！

06 雪《ゆき》の上《うえ》の大《だい》合《がっ》戦《せん》

▶右《みぎ》と左《ひだり》でまちがいは10コあるよ！ こたえは68ページをみてね！

06 雪《ゆき》の上《うえ》の大《だい》合《がっ》戦《せん》

▶右《みぎ》と左《ひだり》でまちがいは10コあるよ！ こたえは68ページをみてね！

07 遊《ゆう》園《えん》地《ち》へようこそ

▶右《みぎ》と左《ひだり》でまちがいは15コあるよ！こたえは69ページをみてね！

07 遊《ゆう》園《えん》地《ち》へようこそ

▶右《みぎ》と左《ひだり》でまちがいは15コあるよ！こたえは69ページをみてね！

08 22世紀《せいき》の未来《みらい》へ

▶右《みぎ》と左《ひだり》でまちがいは15コあるよ！ こたえは69ページをみてね！

08 22世紀《せいき》の未来《みらい》へ

▶右《みぎ》と左《ひだり》でまちがいは15コあるよ！こたえは69ページをみてね！

09 リタイヤ続出《ぞくしゅつ》！ おばけやしき

▶右《みぎ》と左《ひだり》でまちがいは15コあるよ！ こたえは70ページをみてね！

09 リタイヤ続出《ぞくしゅつ》！おばけやしき

▶右《みぎ》と左《ひだり》でまちがいは15コあるよ！こたえは70ページをみてね！

10 西《せい》洋《よう》童《どう》話《わ》のせかい

▶右《みぎ》と左《ひだり》でまちがいは15コあるよ！こたえは70ページをみてね！

10 西《せい》洋《よう》童《どう》話《わ》のせかい

▶右《みぎ》と左《ひだり》でまちがいは15コあるよ！ こたえは70ページをみてね！

11 日《に》本《ほん》昔《むかし》話《ばなし》のせかい

▶右《みぎ》と左《ひだり》でまちがいは15コあるよ！ こたえは71ページをみてね！

11 日《に》本《ほん》昔《むかし》話《ばなし》のせかい

▶右《みぎ》と左《ひだり》でまちがいは15コあるよ！こたえは71ページをみてね！

12 waiwai station わいわいステーション

▶右《みぎ》と左《ひだり》でまちがいは15コあるよ！ こたえは71ページをみてね！

12 waiwai station わいわいステーション

▶右《みぎ》と左《ひだり》でまちがいは15コあるよ！こたえは71ページをみてね！

13 みんなが主役《しゅやく》の学園祭《がくえんさい》！

▶右《みぎ》と左《ひだり》でまちがいは15コあるよ！こたえは72ページをみてね！

13 みんなが主役《しゅやく》の学園祭《がくえんさい》！

▶右《みぎ》と左《ひだり》でまちがいは15コあるよ！こたえは72ページをみてね！

14 ふれあいサファリパーク

▶右《みぎ》と左《ひだり》でまちがいは15コあるよ！ こたえは72ページをみてね！

14 ふれあいサファリパーク

▶右《みぎ》と左《ひだり》でまちがいは 15 コあるよ！ こたえは72ページをみてね！

15 海《うみ》の中《なか》のふしぎな世界《せかい》

▶右《みぎ》と左《ひだり》でまちがいは 15 コあるよ！ こたえは73ページをみてね！

15 海《うみ》の中《なか》のふしぎな世界《せかい》

▶右《みぎ》と左《ひだり》でまちがいは 15 コあるよ！ こたえは73ページをみてね！

16 わくわく東京《とうきょう》のまち

▶右《みぎ》と左《ひだり》でまちがいは 15 コあるよ！

こたえは73ページをみてね！

16 わくわく東京《とうきょう》のまち

▶右《みぎ》と左《ひだり》でまちがいは **15** コあるよ！

こたえは73ページをみてね！

17 めざせ天《てん》下《か》統《とう》一《いつ》！

▶右《みぎ》と左《ひだり》でまちがいは15コあるよ！こたえは74ページをみてね！

17 めざせ天《てん》下《か》統《とう》一《いつ》！

▶右《みぎ》と左《ひだり》でまちがいは **15** コあるよ！こたえは74ページをみてね！

18 全《ぜん》員《いん》集《しゅう》合《ごう》！お正《しょう》月《がつ》

▶右《みぎ》と左《ひだり》でまちがいは 15 コあるよ！ こたえは74ページをみてね！

⑱ 全《ぜん》員《いん》集《しゅう》合《ごう》！お正《しょう》月《がつ》

▶右《みぎ》と左《ひだり》でまちがいは15コあるよ！こたえは74ページをみてね！

19

映画《えいが》をみる時《とき》はおしずかに…

▶右《みぎ》と左《ひだり》でまちがいは 15 コあるよ！ こたえは75ページをみてね！

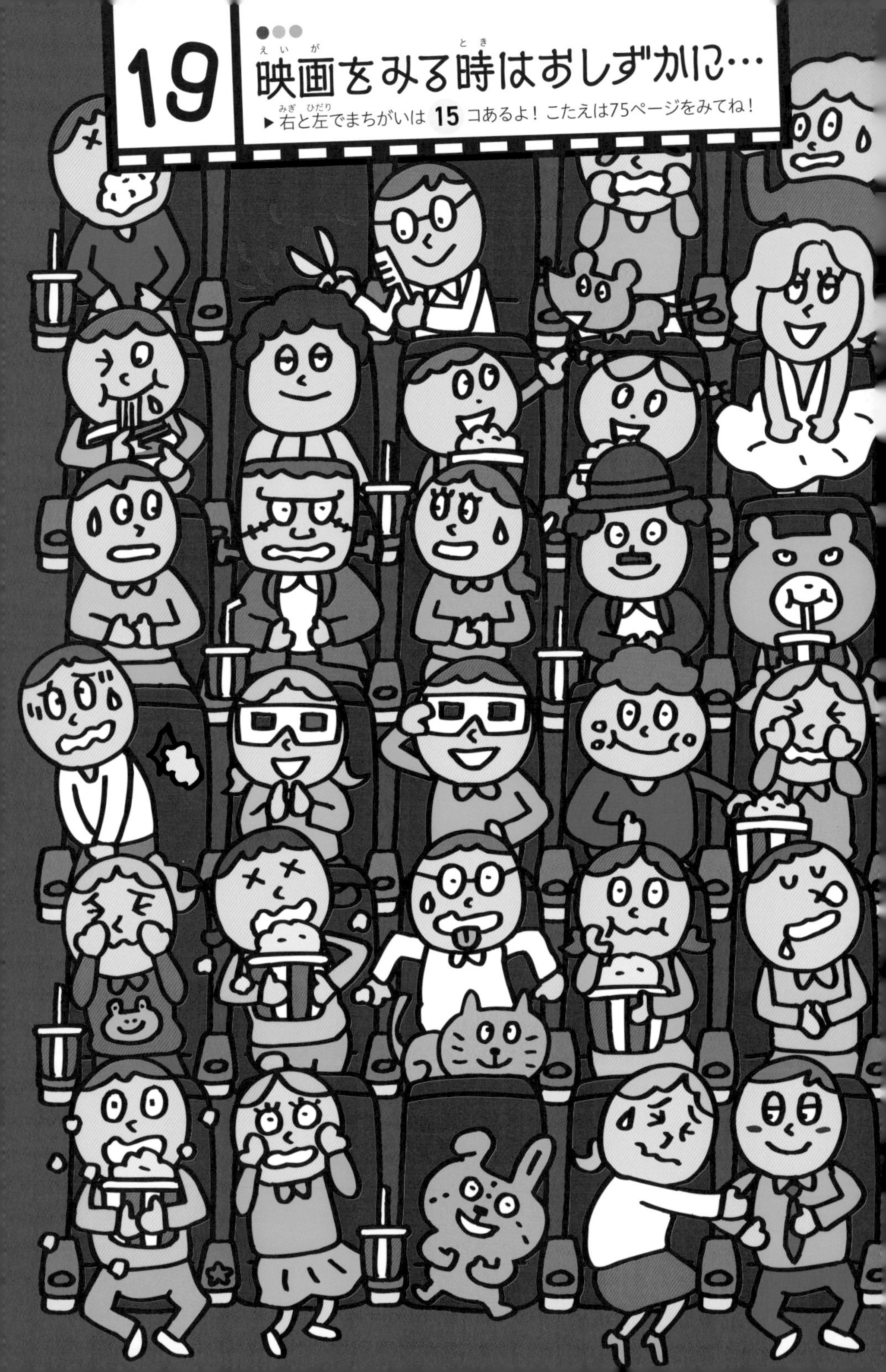

19 映画《えいが》をみる時《とき》はおしずかに…

▶右《みぎ》と左《ひだり》でまちがいは **15** コあるよ！こたえは75ページをみてね！

20 注文《ちゅうもん》の多《おお》い中華料理店《ちゅうかりょうりてん》

▶右《みぎ》と左《ひだり》でまちがいは15コあるよ！ こたえは75ページをみてね！

20 注《ちゅう》文《もん》の多《おお》い中《ちゅう》華《か》料《りょう》理《り》店《てん》

▶右《みぎ》と左《ひだり》でまちがいは15コあるよ！こたえは75ページをみてね！

21 虫《むし》たちのたのしい日常《にちじょう》

▶右《みぎ》と左《ひだり》でまちがいは15コあるよ！こたえは76ページをみてね！

21 虫《むし》たちのたのしい日常《にちじょう》

▶右《みぎ》と左《ひだり》でまちがいは15コあるよ！ こたえは76ページをみてね！

22 はちゃめちゃ運動会《うんどうかい》

▶右《みぎ》と左《ひだり》でまちがいは15コあるよ！こたえは76ページをみてね！

22 はちゃめちゃ運《うん》動《どう》会《かい》

▶右《みぎ》と左《ひだり》でまちがいは15コあるよ！ こたえは76ページをみてね！

23 心《こころ》やすらぐ京《きょう》都《と》のまち

▶右《みぎ》と左《ひだり》でまちがいは **15** コあるよ！ こたえは77ページをみてね！

23 心《こころ》やすらぐ京《きょう》都《と》のまち

▶右《みぎ》と左《ひだり》でまちがいは **15** コあるよ！ こたえは77ページをみてね！

24 恐《きょう》竜《りゅう》のいた時《じ》代《だい》

▶右《みぎ》と左《ひだり》でまちがいは 15 コあるよ！こたえは77ページをみてね！

24 恐竜《きょうりゅう》のいた時代《じだい》

▶右《みぎ》と左《ひだり》でまちがいは **15** コあるよ！こたえは77ページをみてね！

25 夏《なつ》の夜《よる》をてらす花火《はなび》

▶右《みぎ》と左《ひだり》でまちがいは15コあるよ！こたえは78ページをみてね！

25 夏《なつ》の夜《よる》をてらす花火《はなび》

▶右《みぎ》と左《ひだり》でまちがいは15コあるよ！ こたえは78ページをみてね！

26 20XX 宇《う》宙《ちゅう》のたび

▶右《みぎ》と左《ひだり》でまちがいは15コあるよ！ こたえは78ページをみてね！

26 20XX 宇《う》宙《ちゅう》のたび

▶右《みぎ》と左《ひだり》でまちがいは15コあるよ！こたえは78ページをみてね！

27 商店街《しょうてんがい》はまいにち大盛況《だいせいきょう》

▶右《みぎ》と左《ひだり》でまちがいは15コあるよ！ こたえは79ページをみてね！

27 商店街《しょうてんがい》はまいにち大盛況《だいせいきょう》

▶右《みぎ》と左《ひだり》でまちがいは15コあるよ！こたえは79ページをみてね！

28 ヒーローVS悪《あく》のぐんだん

▶右《みぎ》と左《ひだり》でまちがいは15コあるよ！ こたえは79ページをみてね！

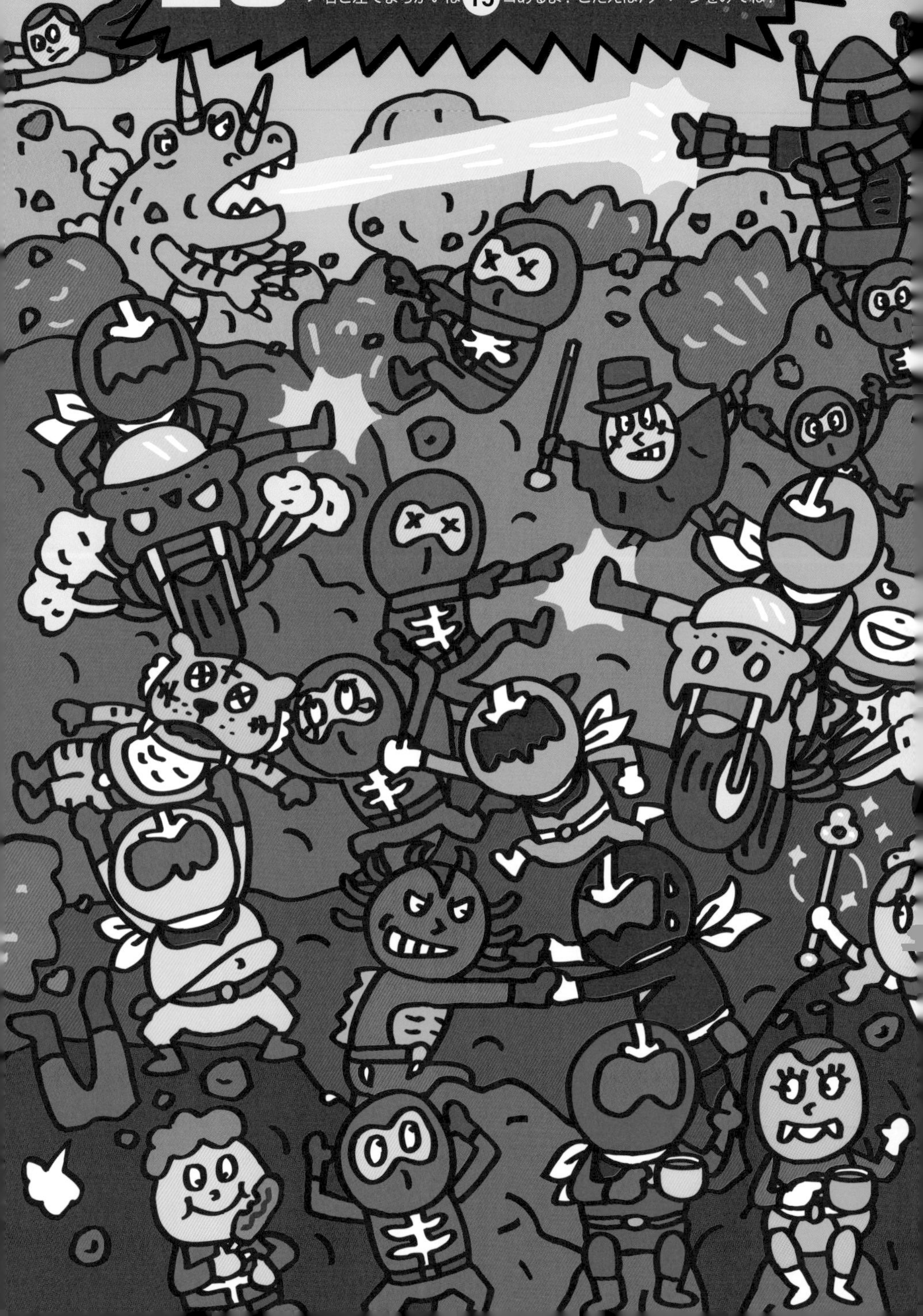

28 ヒーローVS悪《あく》のぐんだん

▶右《みぎ》と左《ひだり》でまちがいは15コあるよ！こたえは79ページをみてね！

気《き》づいていたかな？

よくここまでクリアしたね！　おめでとう！
でもじつはぜんぶのまちがいさがしに
かくれんぼだいすきなクマが隠《かく》れていたんだ。
きみは気《き》づいていたかな？
見《み》つけられなかったひとは、
もう一度《いちど》まちがいさがしの世界《せかい》に
もどって、さがしてみよう！

クマからのちょうせんじょう

かくれんぼだいすきなクマは、
まだまだ遊《あそ》びたりないみたい。
P63~P64のキャラクターやものは
どこにいるかな? さがしてみよう!

ヒント リンゴ狩《が》りをしているのかな?

ヒント おばあさんが川《かわ》で洗濯《せんたく》をしているよ

ヒント 妖怪《ようかい》がおにぎりをモグモグしてるよ

ヒント サメが泳《およ》いでいるということは…?

ヒント パン屋《や》さんで買《か》いものをしたのかな?

ヒント 温《あたた》かいおしるこがおいしそうだね!

ヒント ピザにチキンとごうかなごはんだね！

ヒント カバがきもちよさそうにしているよ

ヒント 歴史《れきし》の本《ほん》で見《み》たことがあるかも…？

ヒント マジックステッキで戦《たたか》っているのかな？

ヒント 馬《うま》に乗《の》って何《なに》かをしているようだけど…

ヒント 「大《だい》」という漢字《かんじ》がどこかに書《か》かれているのかな？

ヒント 金色《きんいろ》のオノがピカピカ光《ひか》っているよ

ヒント おいしそうなたこやきを作《つく》っているね

ヒント お寺《てら》の仏像《ぶつぞう》かな？

すごい!
ぜんぶ見《み》つけることができるなんて!
でもクマはちょっぴりさみしそう。
だからまた、
いつでもまちがいさがしの世界《せかい》に
あそびに来《き》てね。

こたえ　問題《もんだい》01▶02

こたえ　問題《もんだい》03▶04

05 みんなでホッといい湯《ゆ》だな
▶右《みぎ》と左《ひだり》でまちがいは10コあるよ！こたえは68ページをみてね！

06 雪《ゆき》の上《うえ》の大合戦《だいがっせん》
▶右《みぎ》と左《ひだり》でまちがいは10コあるよ！こたえは68ページをみてね！

こたえ　問題《もんだい》07▶08

こたえ　問題《もんだい》09▶10

こたえ　問題《もんだい》11▶12

13
みんなが主役《しゅやく》の学園祭《がくえんさい》!
▶右《みぎ》と左《ひだり》でまちがいは15コあるよ！こたえは72ページをみてね！
まちがい大学

14
ふれあいサファリパーク
▶右《みぎ》と左《ひだり》でまちがいは15コあるよ！こたえは72ページをみてね！

こたえ　問題《もんだい》15▶16

こたえ　問題《もんだい》17▶18

こたえ　問題《もんだい》19▶20

21 虫《むし》たちのたのしい日常《にちじょう》
▶右《みぎ》と左《ひだり》でまちがいは15コあるよ！こたえは76ページをみてね！

22 はやめちゃ運動会《うんどうかい》
▶右《みぎ》と左《ひだり》でまちがいは15コあるよ！こたえは76ページをみてね！

こたえ　問題《もんだい》23▶24

25 夏《なつ》の夜《よる》をてらす花火《はなび》
▶右《みぎ》と左《ひだり》でまちがいは15コあるよ！こたえは78ページをみてね！

26 20XX 宇宙《うちゅう》のたび
▶右《みぎ》と左《ひだり》でまちがいは15コある
こたえは
ージをみてね！

こたえ　問題《もんだい》27▶28

著 THE ROCKET GOLD STAR

神戸市在住。「サイゼリヤ」間違い探しのイラストや「六甲バター Q・B・B」Qちゃん、「グリコ ビスコ」にゅうさんきんくんなどのキャラクターも手掛ける。著書に『ドコッチとココッチのぜんぶ見つけてはいけないまちがいさがし』(KADOKAWA)など。好きなものは古いトミカのミニカー。

×　Instagram　WEB

監修 篠《しの》原《はら》菊《きく》紀《のり》

公立諏訪東京理科大学工学部情報応用工学科教授。
専門は脳科学、応用健康科学。

デザイン　bookwall

頭《あたま》がよくなる 超《ちょう》いじわる まちがいさがし

2024年7月18日 第1刷発行
2024年12月6日 第2刷発行

著者　THE ROCKET GOLD STAR
監修者　篠原菊紀《しのはらきくのり》
発行人　永田和泉
発行所　株式会社イースト・プレス
〒101-0051
東京都千代田区神田神保町2-4-7　久月神田ビル
Tel. 03-5213-4700　Fax. 03-5213-4701
https://www.eastpress.co.jp

印刷所　中央精版印刷株式会社

ISBN978-4-7816-2331-3